PIANO   VOCAL   GUITAR

THE MUSIC OF NASHVILLE
ORIGINAL SOUNDTRACK
SEASON 1   VOLUME 1

ISBN 978-1-4803-4236-1

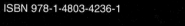

T0050636

HAL•LEONARD®
CORPORATION

7777 W. BLUEMOUND RD. P.O. BOX 13819 MILWAUKEE, WI 53213

Visit Hal Leonard Online at
www.halleonard.com

BURIED UNDER

Words and Music by CHRIS DESTEFANO
and NATALIE HEMBY

Wish that I___ did-n't have to see___ a con-fi-dant___ as an en-e-my.___ Count on lies___ and the lines you cross.

Help-less-ly,___ I could on-ly watch.

3

-cret of the life you're guilt-y of.__ The smok-ing gun__ is what I've found.__ The

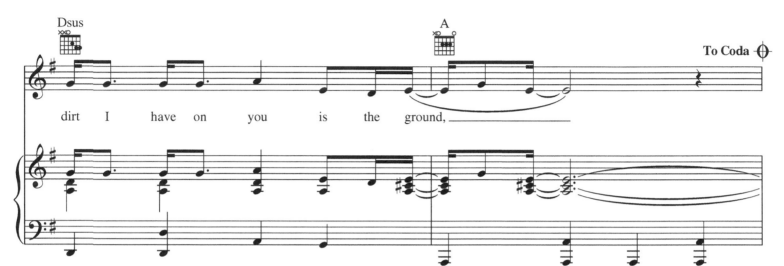

dirt I have on you is the ground,_____

ooh,__ I'm bur-ied un - der.

Whoa,__ I'm bur-ied un-

- der.   Yeah, I'm bur-ied un - der.

Oh, __ I'm bur-ied un - der.

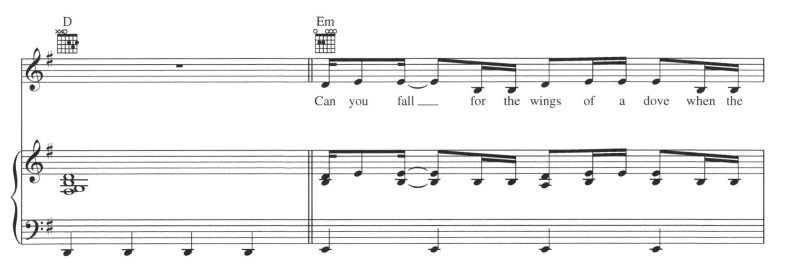

Can you fall __ for the wings of a dove when the

D.S. al Coda

clev - er wolf _ is the one you love?

Now the

CODA

Em

ooh, _ I'm bur - ied un - der.

Wish that I _ did - n't have to see _ a con - fi - dant _ as an en - e - my. _

IF I DIDN'T KNOW BETTER

Words and Music by JOHN PAUL WHITE
and ARUM RAE

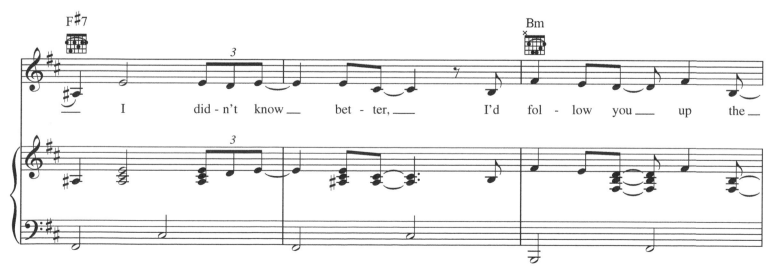

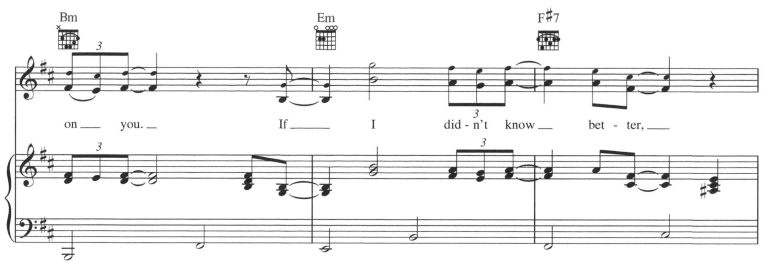

on ___ you. ___   If ___ I did - n't know ___ bet - ter, ___

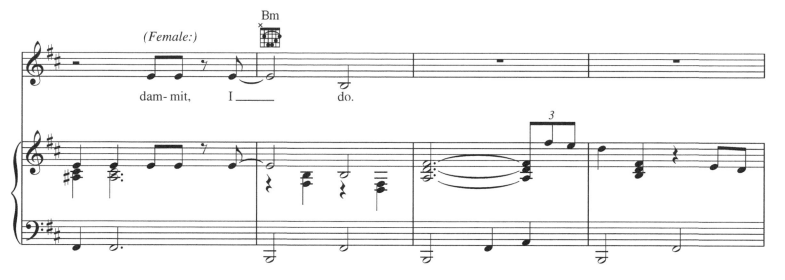

(Female:)   dam- mit, I ___ do.

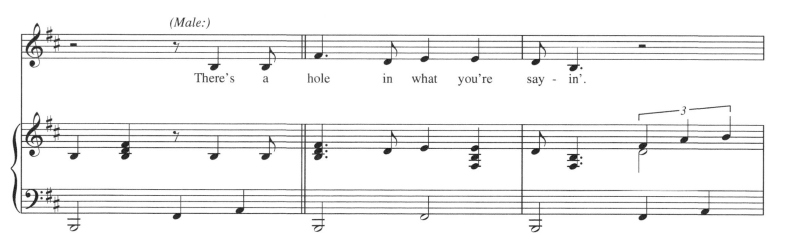

(Male:)   There's a hole in what you're say - in'.

I can ___ plain - ly see _____ you've a lov - er that's ___

UNDERMINE

Words and Music by KACEY MUSGRAVES
and TRENT DABBS

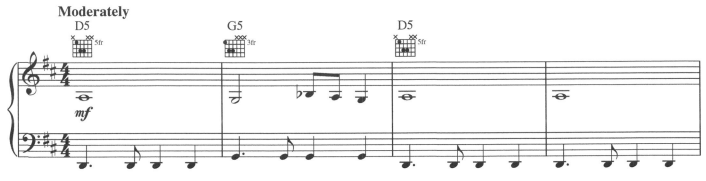

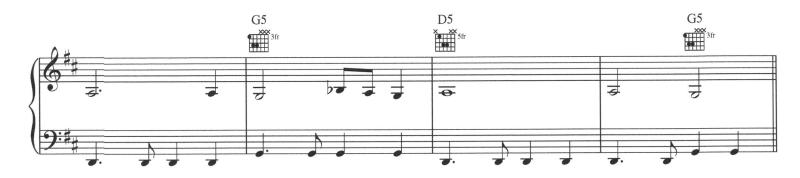

Some - times good in - ten - tions ___ don't come a - cross ___

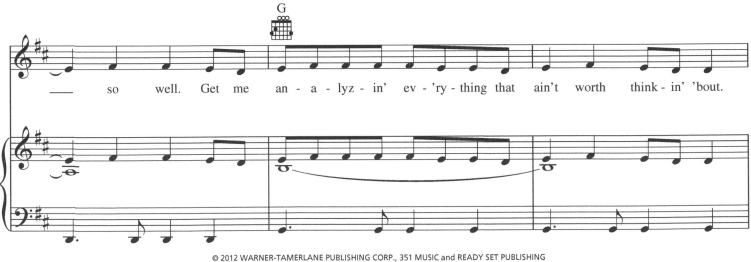

___ so well. Get me an - a - lyz - in' ev - 'ry - thing that ain't worth think - in' 'bout.

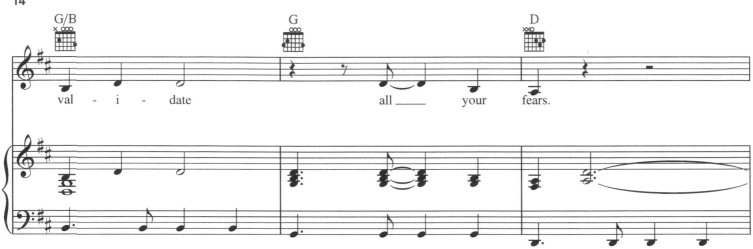

val - i - date all ___ your fears.

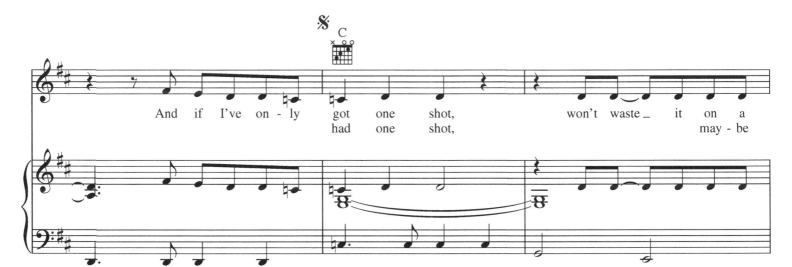

And if I've on - ly got one shot,
had one shot,
won't waste ___ it on a
may - be

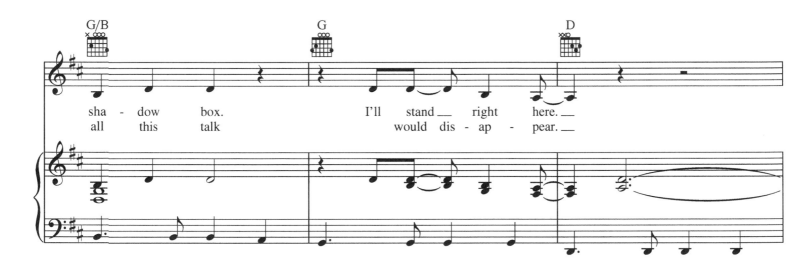

sha - dow box.
all this talk
I'll stand ___ right here. ___
would dis - ap - pear. ___

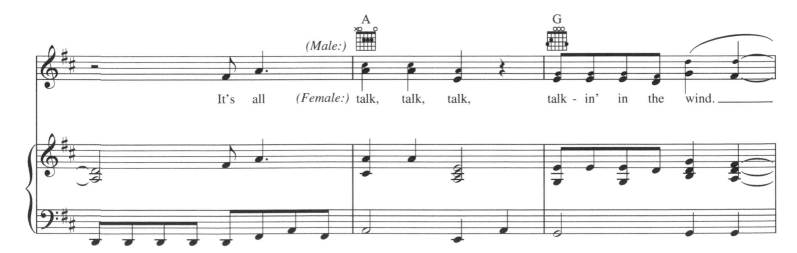

(Male:)
It's all (Female:) talk, talk, talk, talk - in' in the wind. ___

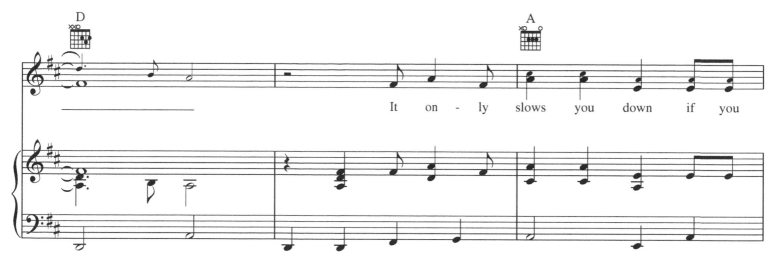

It on - ly slows you down if you

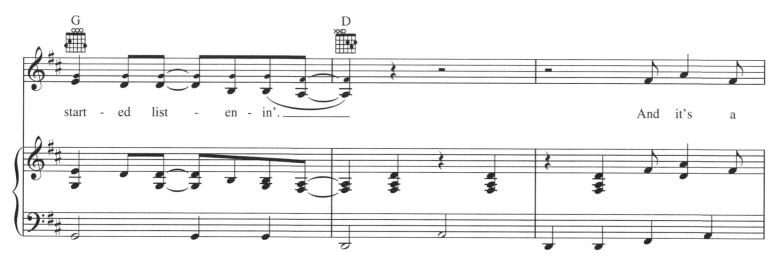

start - ed list - en - in'. _____ And it's a

whole _____ lot hard - er _____ to shine _____

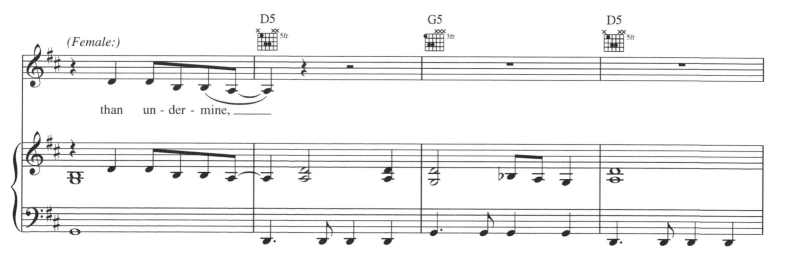

(Female:)

than un - der - mine, _____

Al - ways wished the best for you. ___ Thought that you would

see me through ___ in my wild - est dreams, ___ yeah, the ones you thought I'd

nev - er make. Still you would trade your best day

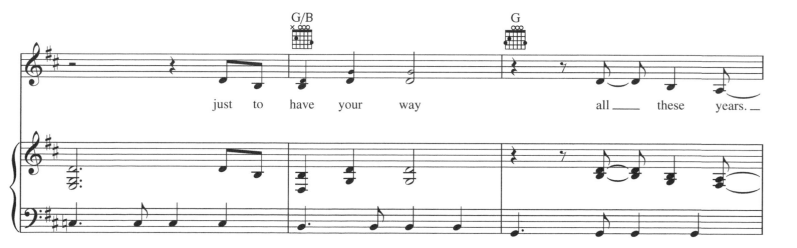

just to have your way all ___ these years. ___

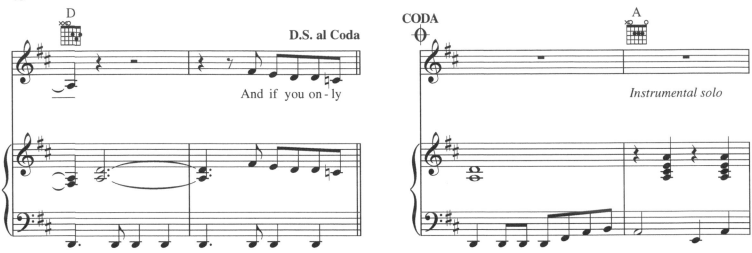

And if you on-ly

D.S. al Coda

CODA

Instrumental solo

It's a whole ___ lot

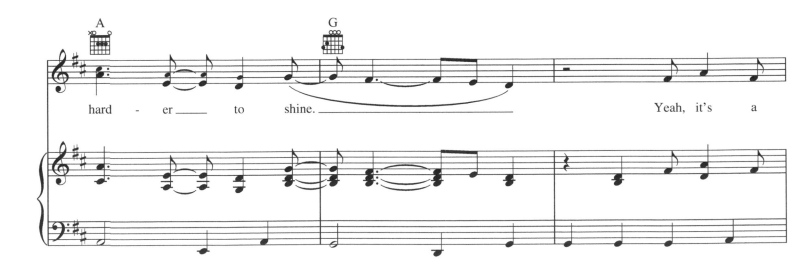

hard - er ___ to shine. ___ Yeah, it's a

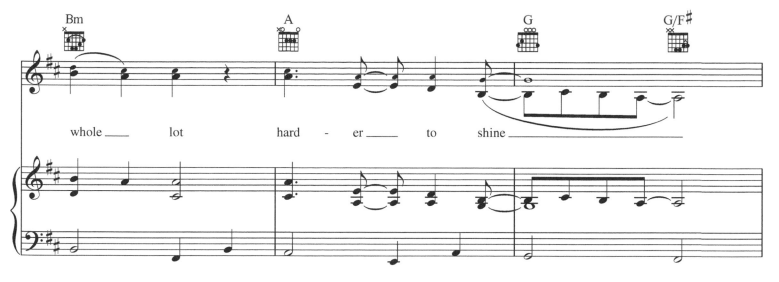

whole ___ lot hard - er ___ to shine ___

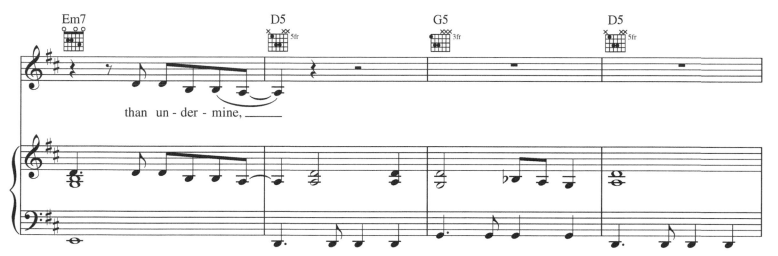

than un - der - mine, ___

yeah, un - der - mine. ___

Some-times good in - ten - tions ___ don't come a - cross ___ so ___ well.

SIDESHOW

Words and Music by BRAD TURSI
and AARON SCHERZ

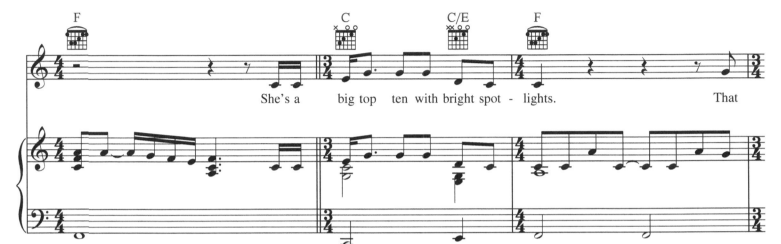

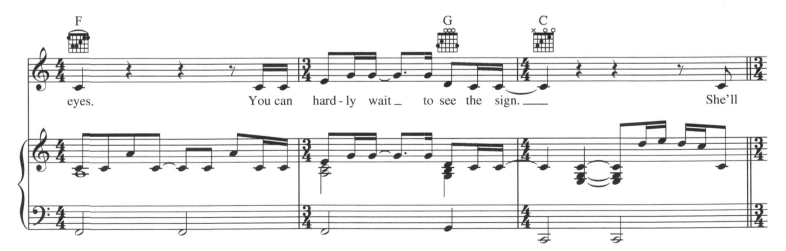

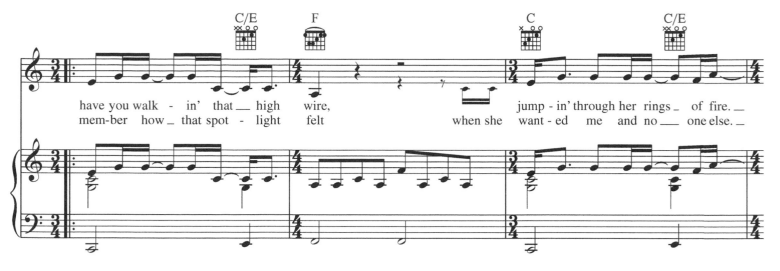

have you walk - in' that __ high wire, jump - in' through her rings __ of fire. __
mem - ber how __ that spot - light felt when she want - ed me and no __ one else. __

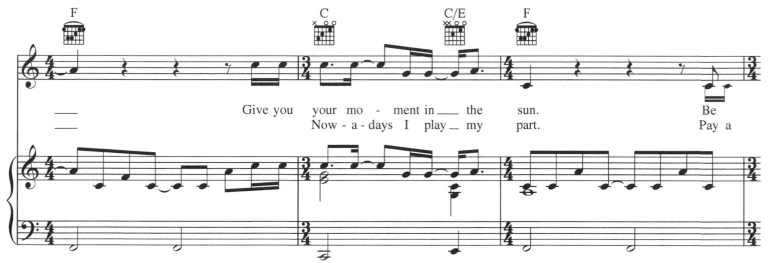

Give you your mo - ment in __ the sun. Be
Now - a - days I play __ my part. Pay a

care - ful not __ to fall __ in love. 'Cause that cur - tain falls, the lights go
dime, you'll see __ my bro - ken heart.

out. Show goes on, she leaves town.

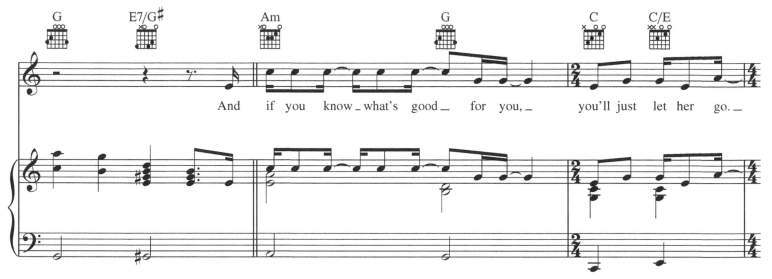

And if you know _ what's good _ for you, _ you'll just let her go. _

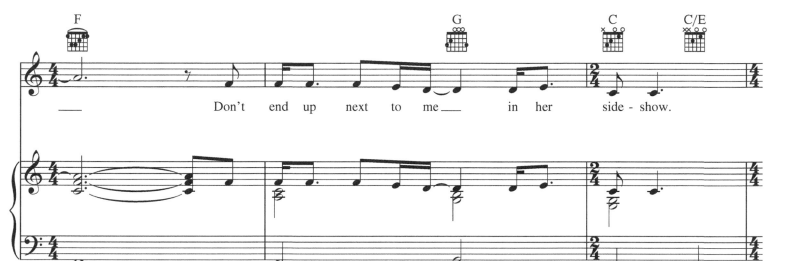

_ Don't end up next to me _ in her side - show.

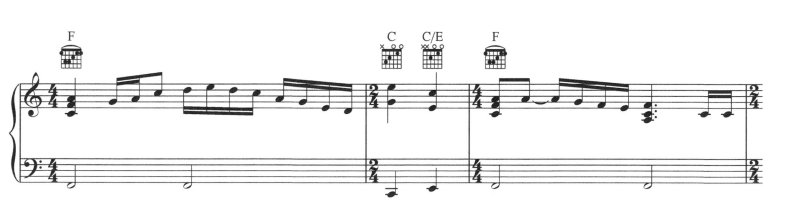

WRONG SONG

Words and Music by JIMMY YEARY,
SONYA ISAACS and MARV GREEN

Moderately fast

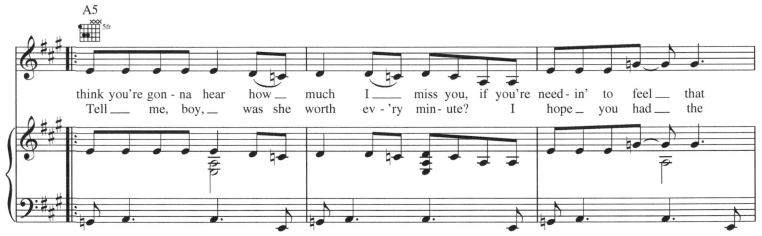

think you're gon - na hear how _ much I _ miss you, if you're need - in' to feel _ that
Tell _ me, boy, _ was she worth ev - 'ry min - ute? I hope _ you had _ the

'bout your self, if you're want - in' to hear _ me say _ I for - give you, 'cause te -
time of your life. _ You made _ your bed, _ now go _ lie _ in it.

* Recorded one step lower.

qui - la turned __ you in - to some - one else, if you're look - in' for
All I got to say __ to __ you is good - bye. How'd you

one more chance, __ a lit - tle stand by your man, you've got the
think I'd re - act? Sing - in' "Ba - by, come back"? You've got the

wrong song com - in' through your speak - ers. This one's a - bout a li -

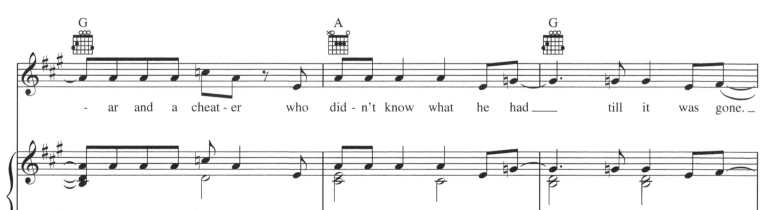

- ar and a cheat - er who did - n't know what he had __ till it was gone. __

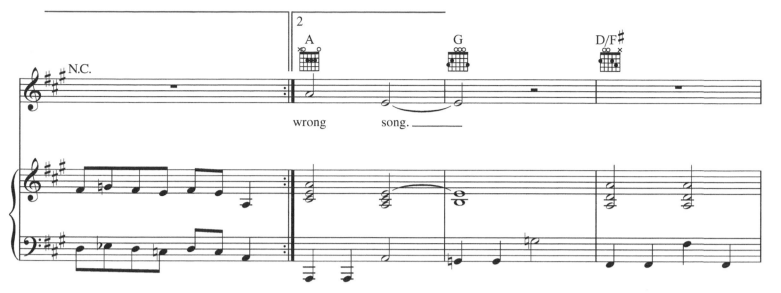

wrong song. _____

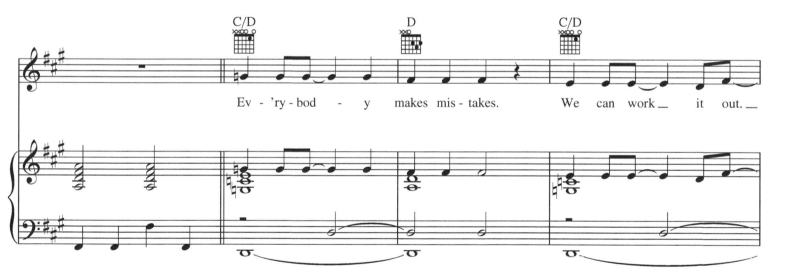

Ev-'ry-bod - y makes mis - takes. We can work __ it out. __

___ Would-n't it __ be nice __ if that's __ what I was sing - in'

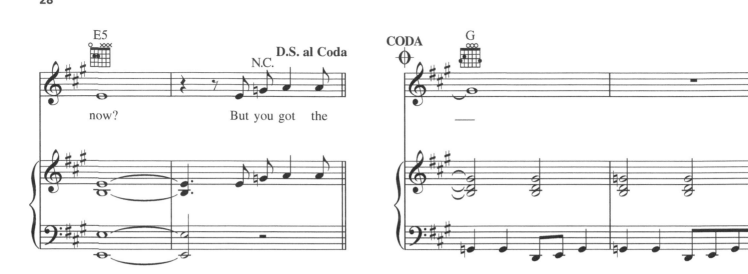

now? But you got the

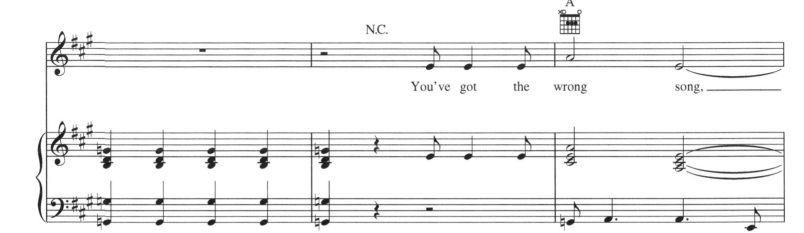

You've got the wrong song, ____

you've got the wrong song, ____ you've got the

wrong song. ____

NO ONE WILL EVER LOVE YOU

Words and Music by JOHN PAUL WHITE
and STEVE McEWAN

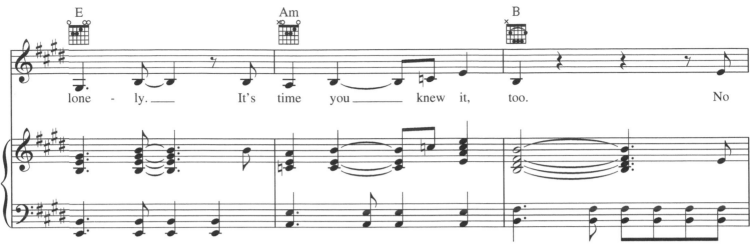

lone - ly.___ It's time you___ knew it, too. No

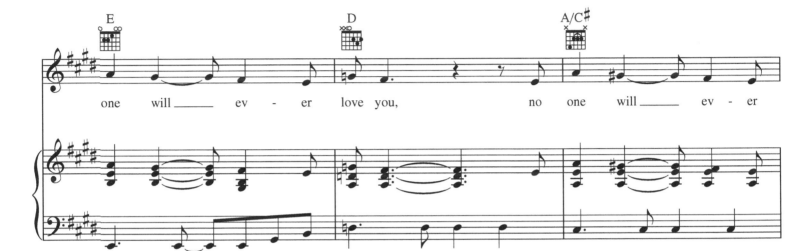

one will___ ev - er love you, no one will___ ev - er

love you, no one will___ ev - er love you

like I do.

Why you al-ways look-in' for the lime-light?

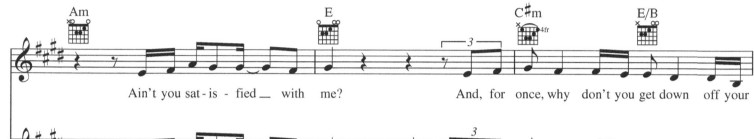

Ain't you sat-is-fied __ with me? And, for once, why don't you get down off your

high heels. You're no big deal. Can't you see?

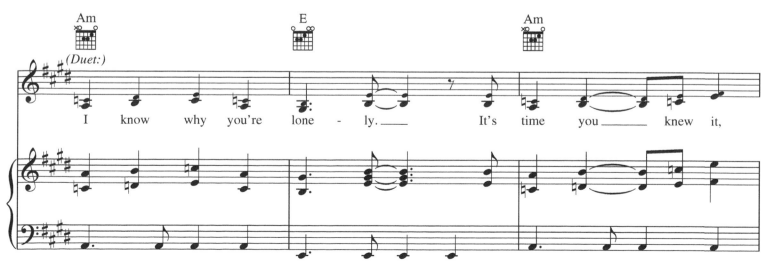

I know why you're lone-ly. __ It's time you __ knew it,

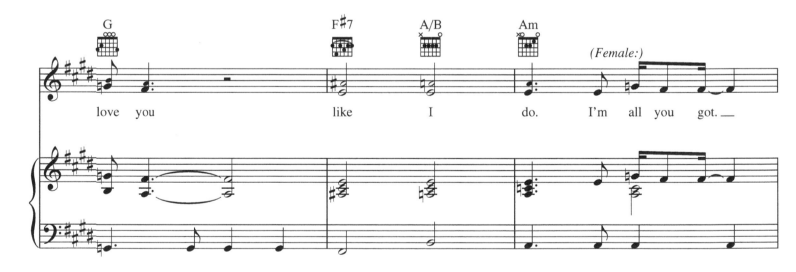

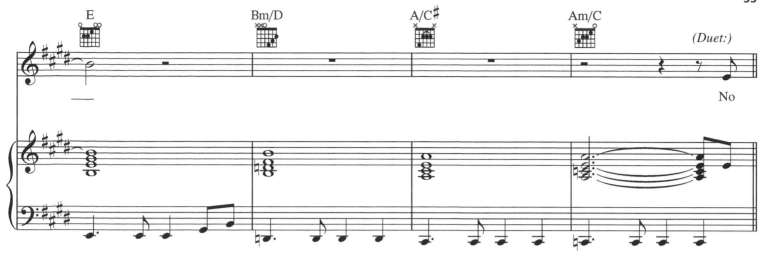

(Duet:)

No

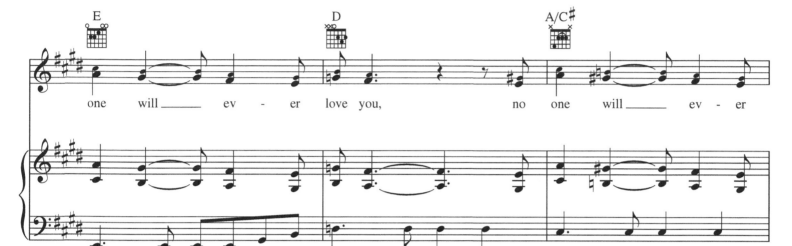

one will _____ ev - er love you, no one will _____ ev - er

love you, no one will _____ ev - er love you like I

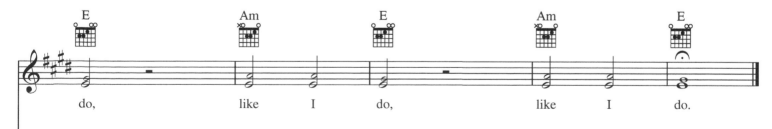

do, like I do, like I do.

TWIST OF BARBWIRE

Words and Music by
ELVIS COSTELLO

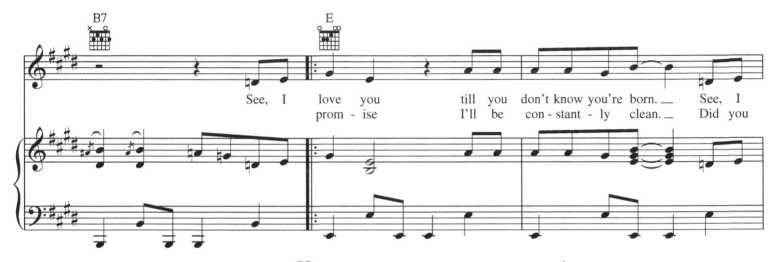

See, I love you till you don't know you're born. __ See, I
prom- ise I'll be con- stant- ly clean. __ Did you

love you till the far side of dawn. __ But in the morn- in' if you
think that I still say what I mean? __ Now you're keen in if and you

must leave, don't leave with your a- pol- o- gies.
have to de- cide __ will you o- pen your legs or your eyes.

nough I sup - pose. ___ Tried hard to drown ___ with a

honk and a drum and I'm pret - ty drunk, so'm I, try

bur - y'n' your sighs, ___ and your snears and your frown, ___ tried

wear - in' your jewels ___ and your heels and your crown, ___ but it was

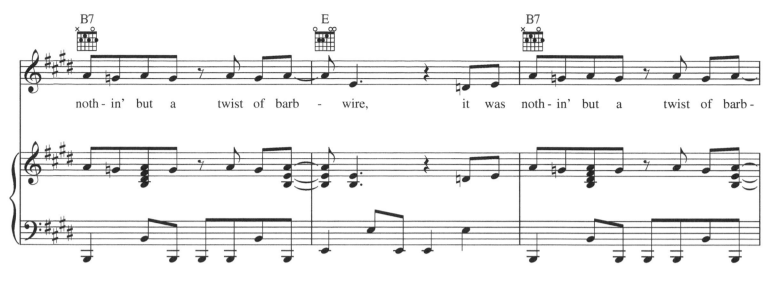

noth - in' but a twist of barb - wire, it was noth - in' but a twist of barb -

- wire, it was noth - in' but a twist of barb - wire.

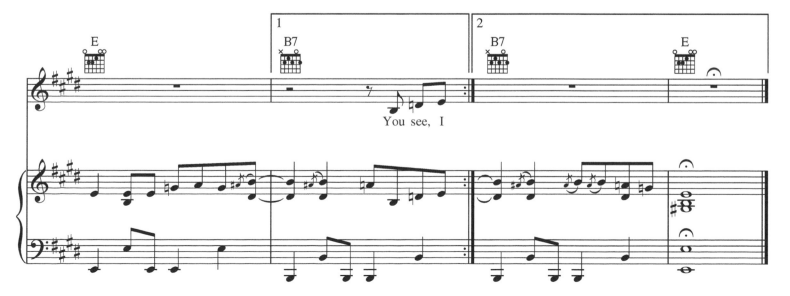

You see, I

LOVE LIKE MINE

Words and Music by KELLY ARCHER,
JUSTIN WEAVER and EMILY SHACKELTON

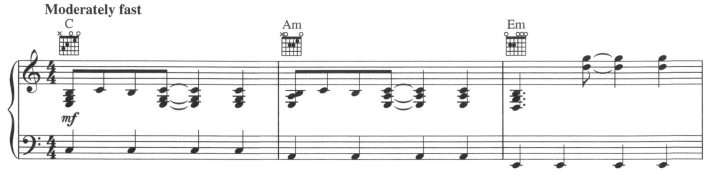

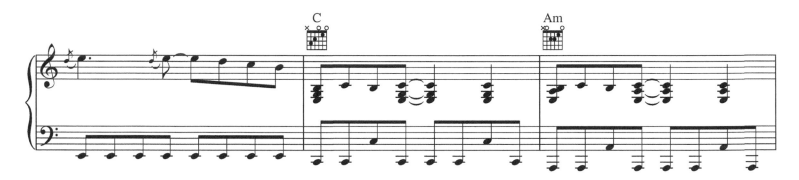

So you think that you're the one ___
I think you think that new ___

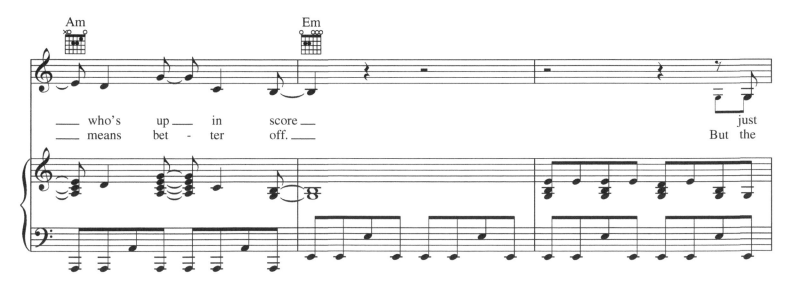

___ who's up ___ in score ___ just
___ means bet-ter off. ___ But the

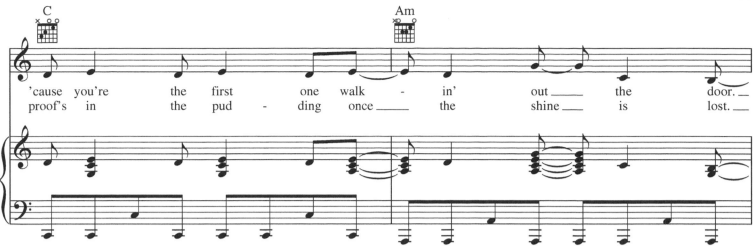

'cause you're the first one walk - in' out _____ the door. _____
proof's in the pud - ding once _____ the shine _____ is lost. _____

Well, take it when ___ you leave, _____
So get and get ___ your - self _____

I don't need your sym - pa - thy. _____
a lit - tle taste of some - thin' else. _____

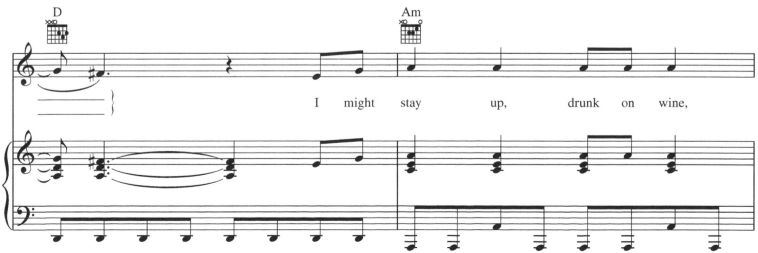

I might stay up, drunk on wine,

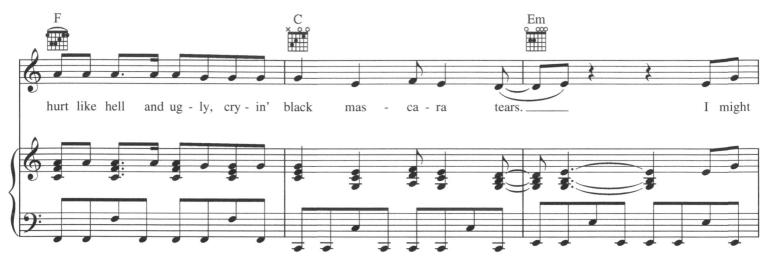

hurt like hell and ug - ly, cry - in' black mas - ca - ra tears. _____ I might

lock my door, __ sleep with my phone, __ miss you bad for a month or so, but

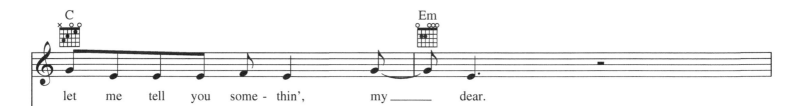

let me tell you some - thin', my _____ dear.

I'm gon - na be just fine, but you're nev - er gon - na find an - oth - er love like

mine.

So mine. _____

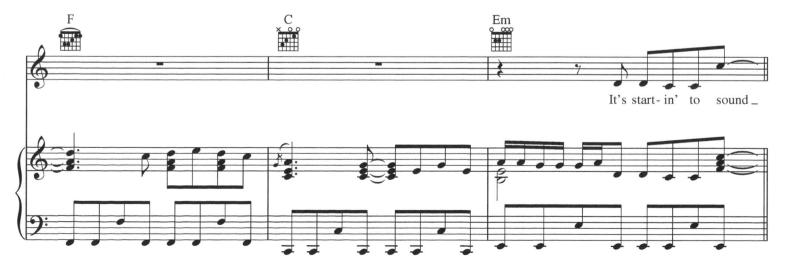

It's start-in' to sound _

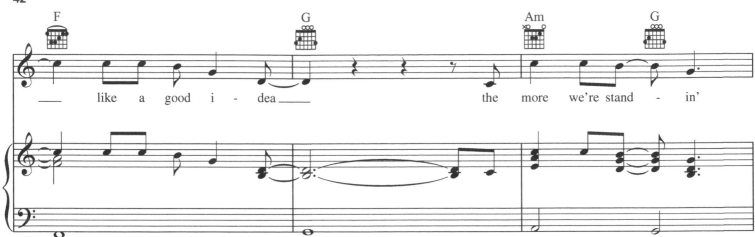

like a good i - dea ___ the more we're stand - in'

here. ___ I'm gon - na stay up, drunk on wine,

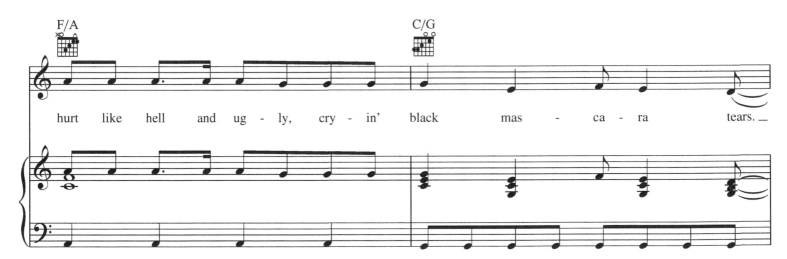

hurt like hell and ug - ly, cry - in' black mas - ca - ra tears. ___

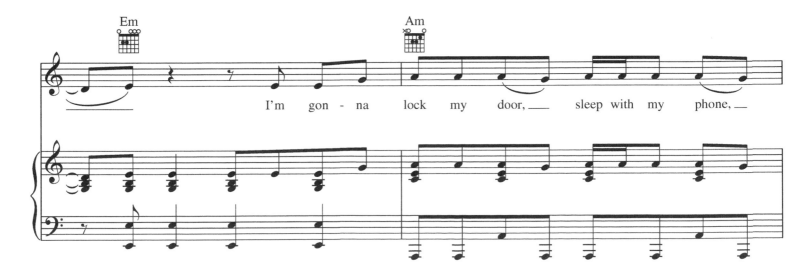

I'm gon - na lock my door, ___ sleep with my phone, ___

miss you bad for a month or so, but let me tell you some - thin', my

dear. _____ I'm gon - na be just fine, but you're

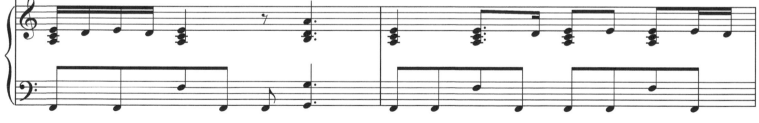

nev - er gon - na find, no, I'm gon - na be just fine, but you're

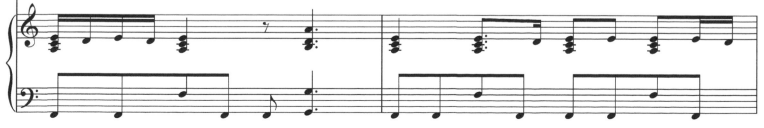

nev - er gon - na find, no, I'm gon - na be just fine, but you're

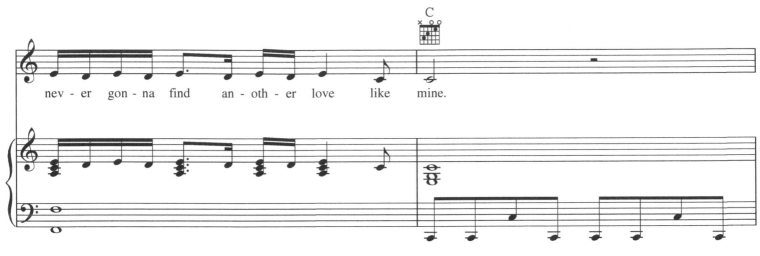

never gonna find another love like mine.

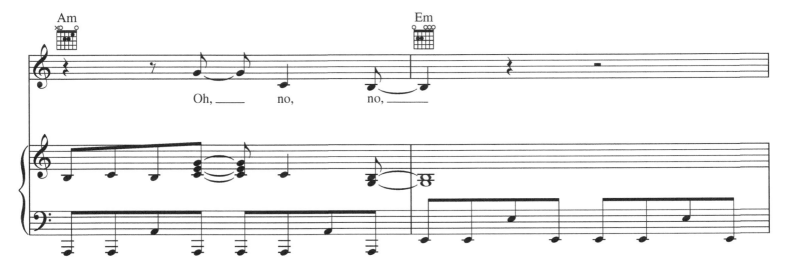

Oh, _____ no, no, _____

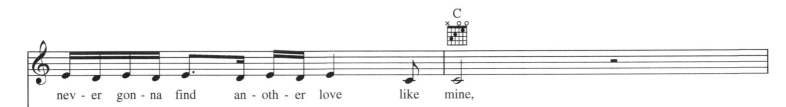

never gonna find another love like mine,

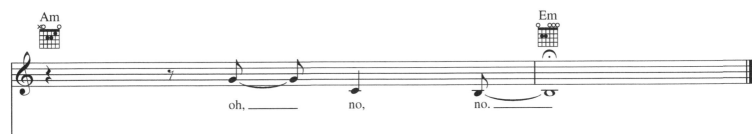

oh, _____ no, no. _____

TELESCOPE

Words and Music by HILLARY LINDSEY
and CARY BARLOWE

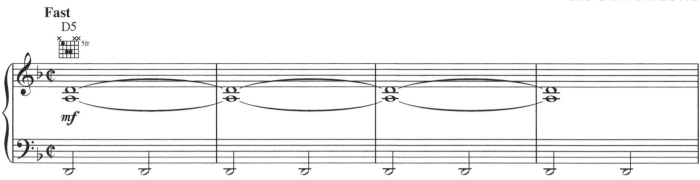

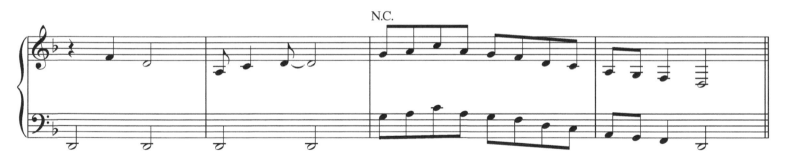

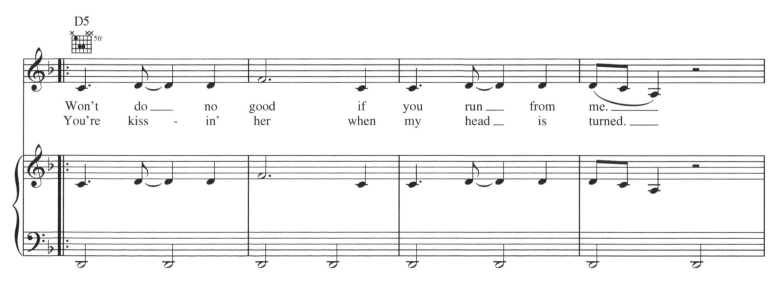

Won't do ___ no good if you run ___ from me. ___
You're kiss - in' her when my head ___ is turned. ___

I know what line is com - in' next, com - in' next. }
Ev - 'ry lit - tle sin _____ and ev - ry - where _ you've been. _____ }

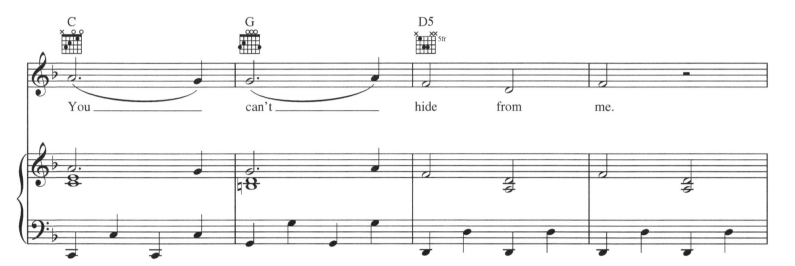

C   G   D5

You _____ can't _____ hide from me.

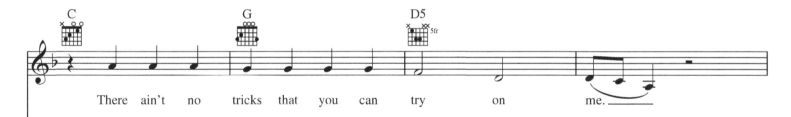

C   G   D5

There ain't no tricks that you can try on me. _____

C   G   D5

I know your ev - 'ry move _ be - fore you e - ven breathe, _ ba - by.

Think - in' you ___ know some - thin' I _____ don't know, but my eyes, _____ my eyes, my ___

___ eyes are like a tel - e - scope. _____

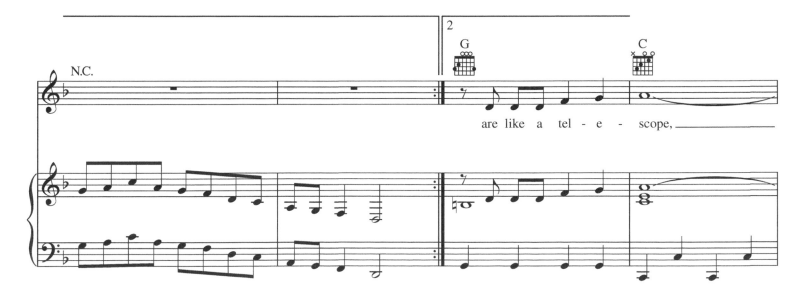

are like a tel - e - scope, _____

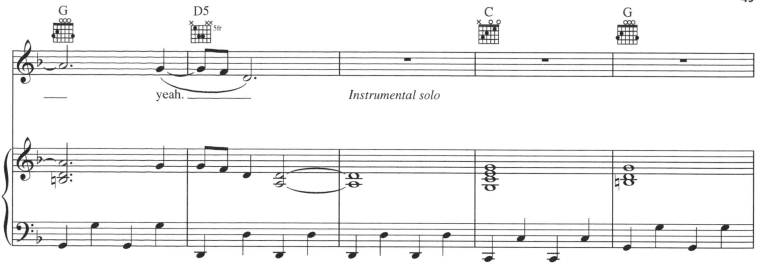

yeah. _____ *Instrumental solo*

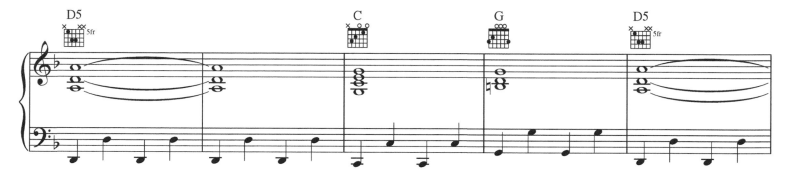

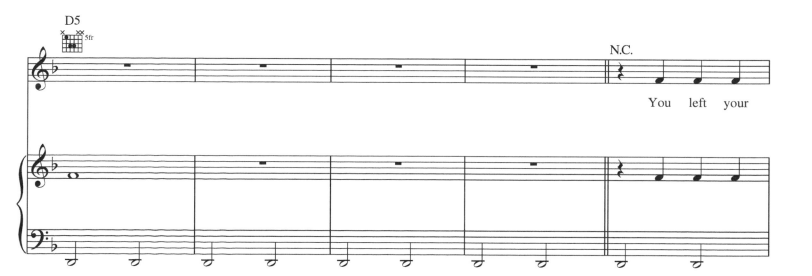

N.C.

You left your

trou - bles in my head, in my head. You left your

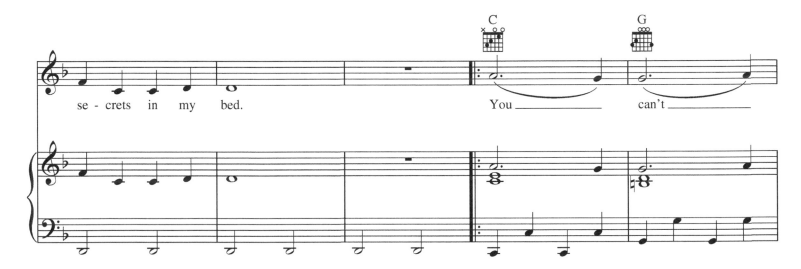

se - crets in my bed. You _____ can't _____ | hide from me.

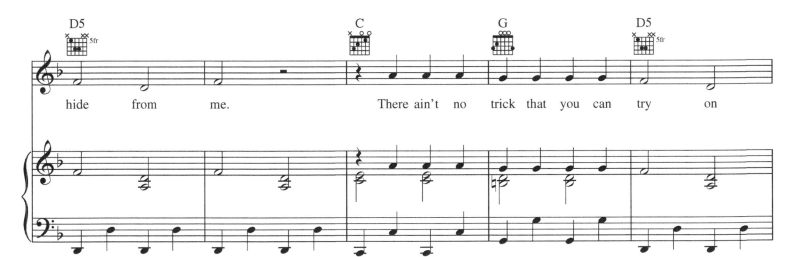

There ain't no trick that you can try on

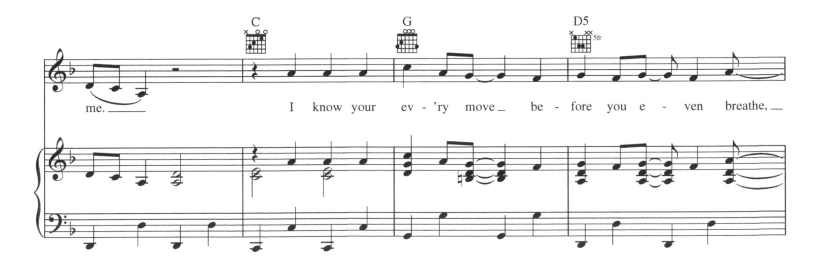

me. _____ I know your ev - 'ry move_ be - fore you e - ven breathe,_

WHEN THE RIGHT ONE COMES ALONG

Words and Music by SARAH ZIMMERMAN,
JUSTIN DAVIS and GEORGIA MIDDLEMAN

* *Recorded a half step lower.*

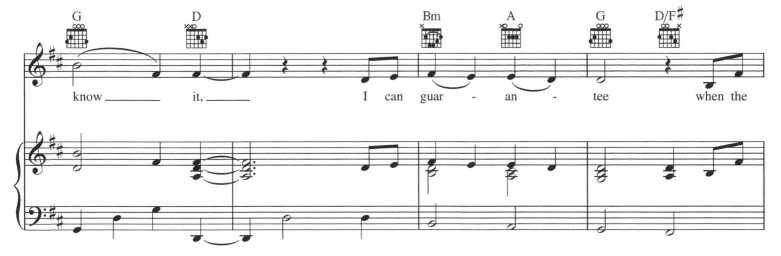

know _____ it, _____ I can guar - an - tee when the

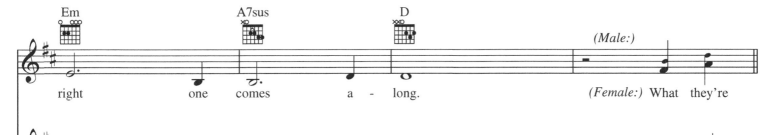

right one comes a - long. *(Male:)* *(Female:)* What they're

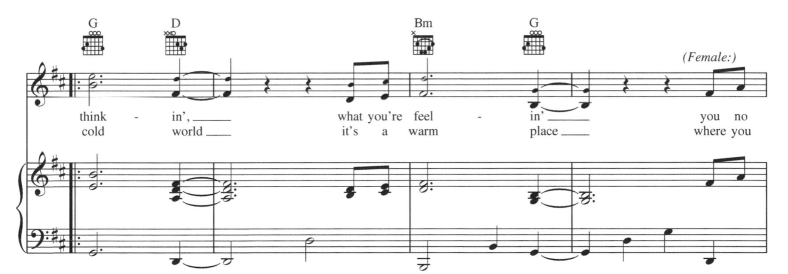

think - in', _____ what you're feel - in' _____ you no
cold world _____ it's a warm place _____ where you

(Female:)

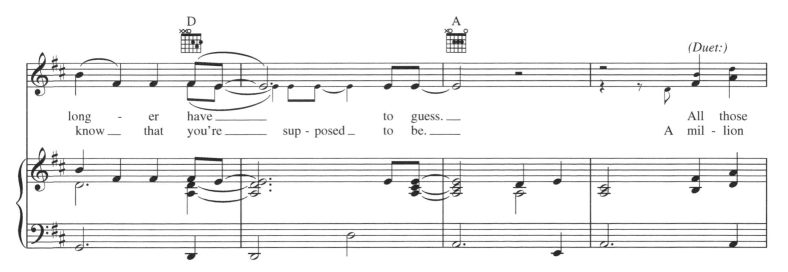

long - er have _____ to guess. _____ All those
know _____ that you're _____ sup - posed _ to be. _____ A mil - lion

(Duet:)

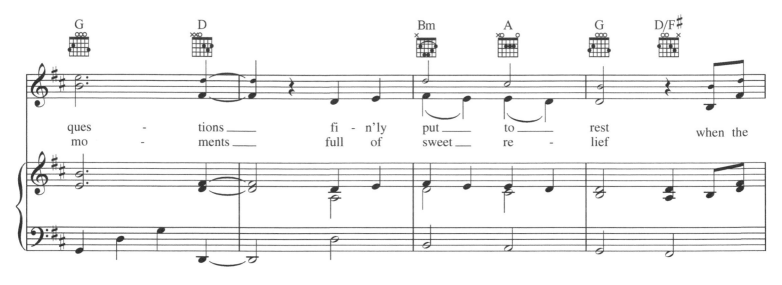

ques - tions _____ fi - n'ly put _____ to _____ rest when the
mo - ments _____ full of sweet _____ re - lief

right one comes a - long.

Ev - 'ry sin - gle bro - ken heart will

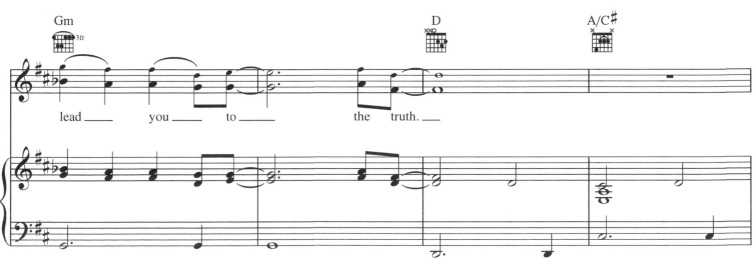

lead _____ you _____ to _____ the truth. _____

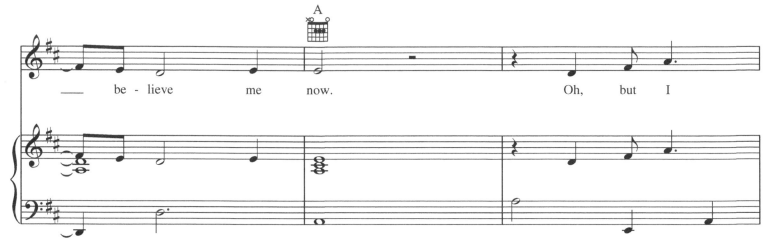

be - lieve me now. Oh, but I

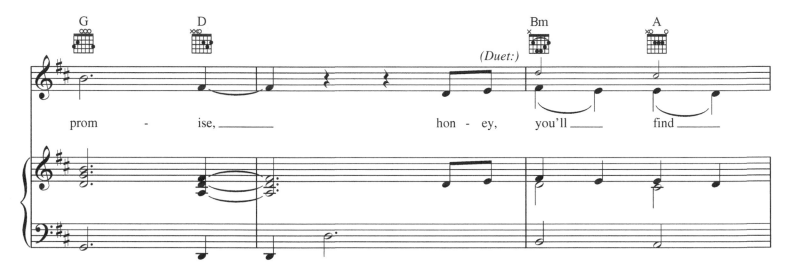

prom - ise, _____ hon - ey, you'll _____ find _____

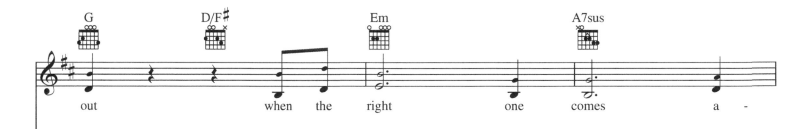

out when the right one comes a -

long. And all that chang - es _____

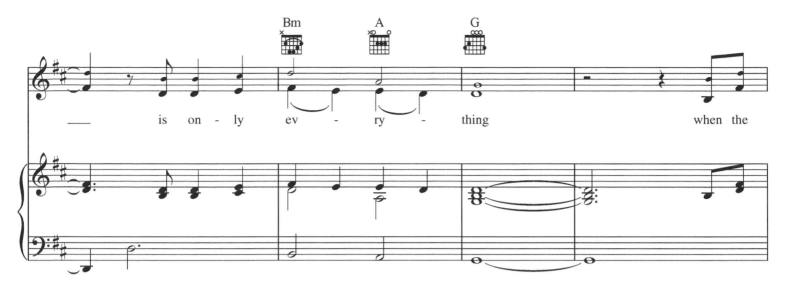

is on - ly ev - ry - thing   when the

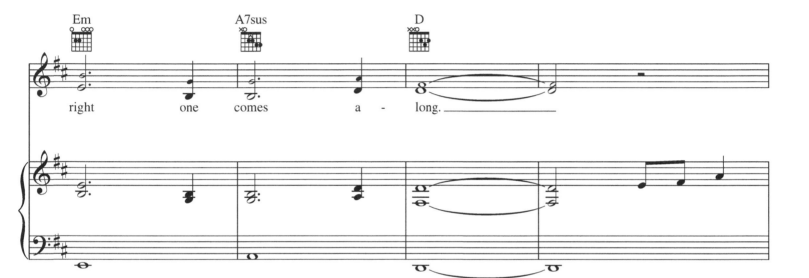

right   one comes   a -   long._____

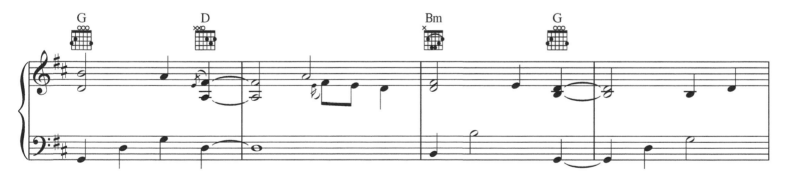

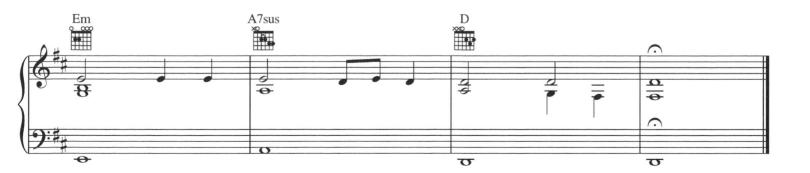

FADE INTO YOU

Words and Music by SHANE McANALLY,
TREVOR ROSEN and MATT JENKINS

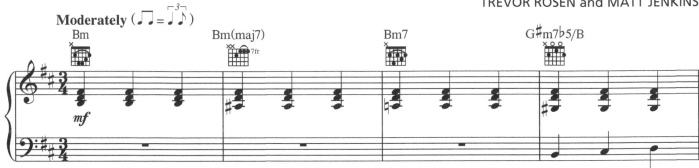

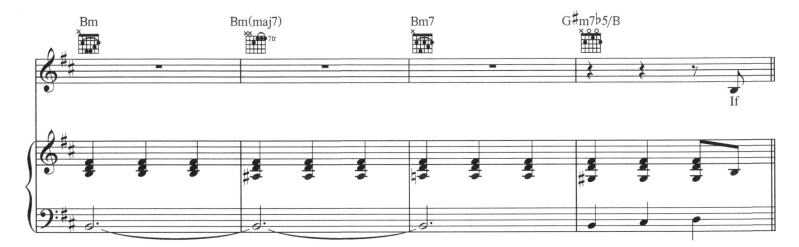

you were the o - cean and I was the sun, _____ if the

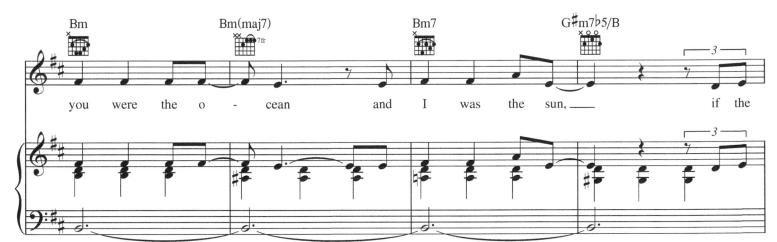

day made me heav - y and grav - i - ty won, if

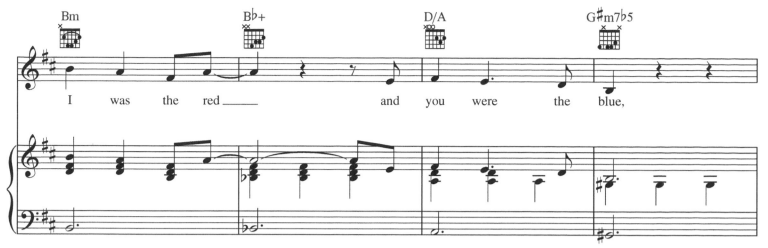

I was the red _____ and you were the blue,

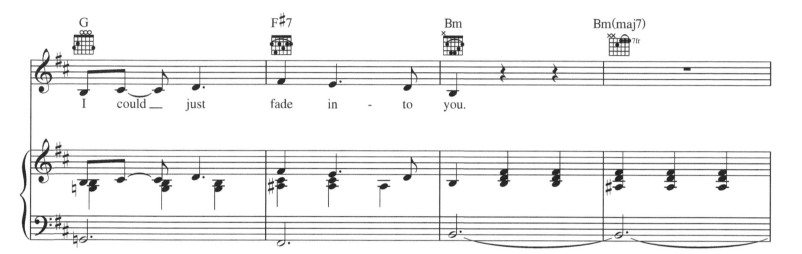

I could _ just fade in - to you.

If you were a win - dow, if
I was a shad - ow and

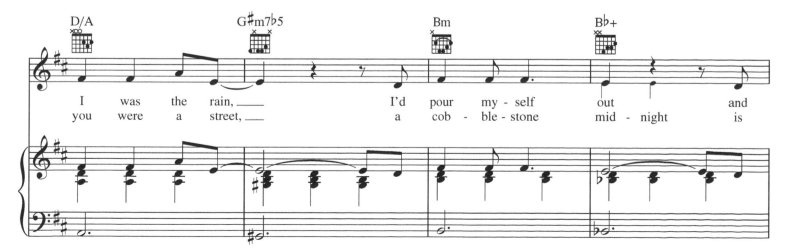

I was the rain, _____ I'd pour my - self out and
you were a street, _____ a cob - ble - stone mid - night is

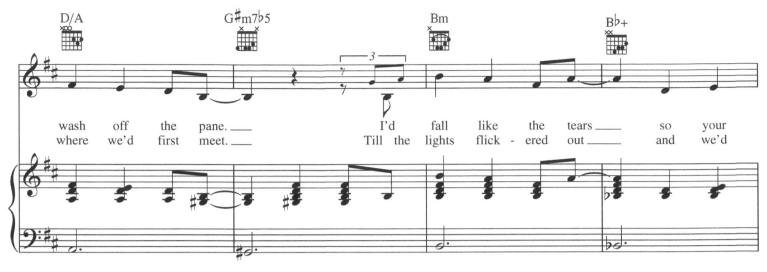

wash off the pane. ___ I'd fall like the tears ___ so your
where we'd first meet. ___ Till the lights flick - ered out ___ and we'd

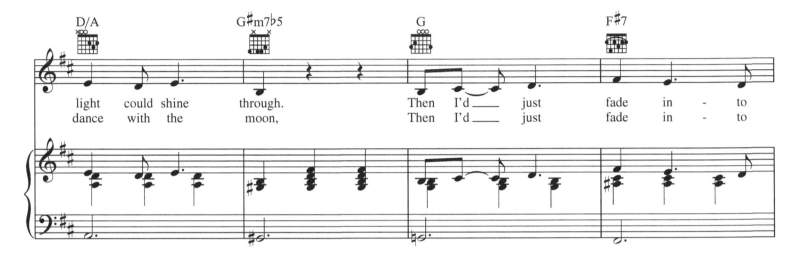

light could shine through. Then I'd ___ just fade in - to
dance with the moon, Then I'd ___ just fade in - to

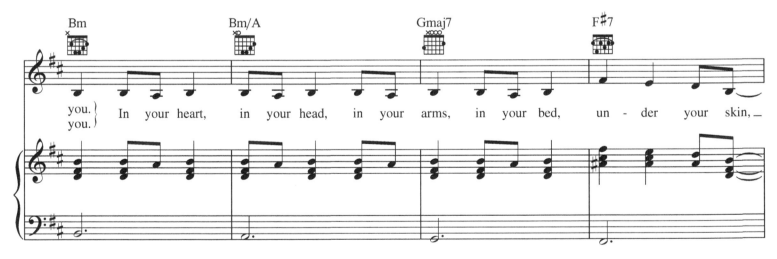

you.⎫
you.⎭ In your heart, in your head, in your arms, in your bed, un - der your skin, ___

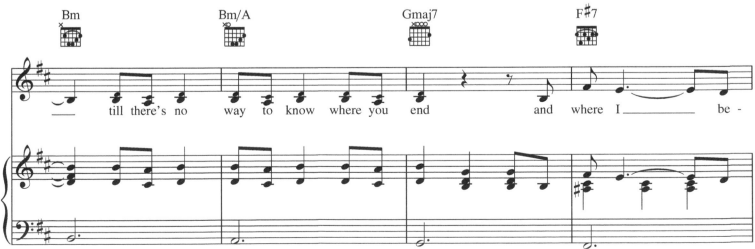

___ till there's no way to know where you end and where I ___ be -

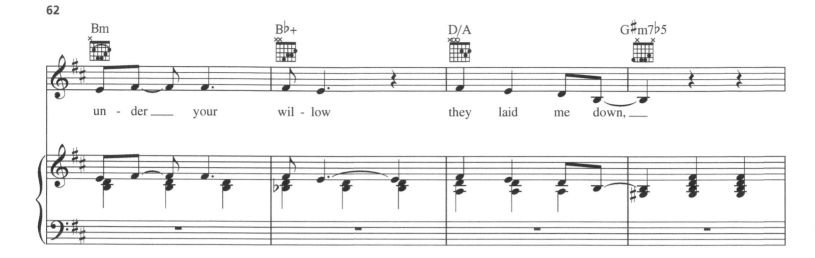

un - der ___ your wil - low they laid me down, ___

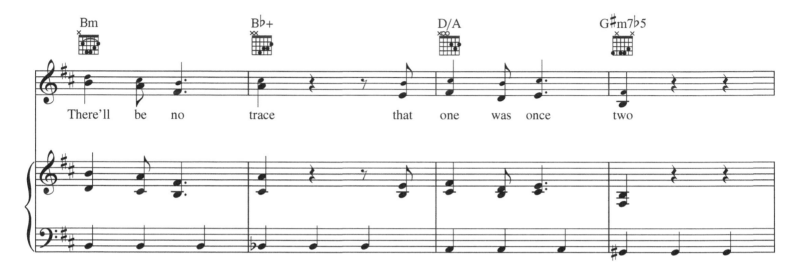

There'll be no trace that one was once two

af - ter ___ I ___ fade ___ in - to you.

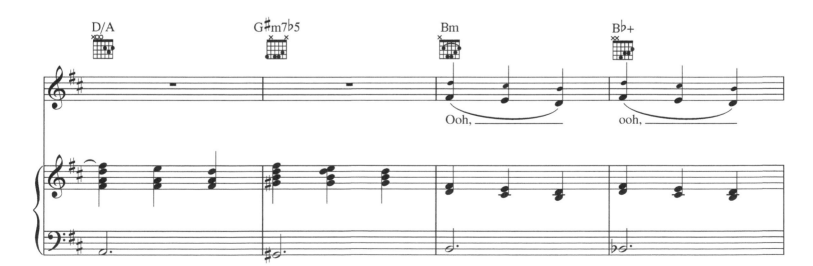

Ooh, _____ ooh, _____